AF192030

PÄIHDEOSUUSKUNTA

MIKKO GROMOV

PÄIHDEOSUUSKUNTA

Tekstit ja kuvitus
Mikko Gromov

Taitto
Johannes Heikkilä

Kustantaja: BoD - Books on Demand, Helsinki, Suomi

Valmistaja: BoD - Books on Demand, Norderstedt, Saksa

ISBN-tunnuksesi on 978-952-80-8214-9

ÄLÄ KULJE
        MUIDEN TUSSUISSA
KULJE OMISSA TOSSUISSA

NIMET OVAT HUKASSA

MUUTEN OLEN HYVIN
        HUKASSA
KUTSUN NIITÄ VOIMIA
JOTKA HERÄTTIVÄT
JA KADUIN
HUOMENNA ELÄN TAAS
TÄNÄÄN ELÄN VIELÄ
HUOMENNA ELÄN
TÄMÄN PÄÄNSÄRYN
VAILLA
IKUISTA HUOMIOTA

MAAILMA ON AVOIN

RIKKAUS ANTAA RIKKIÄ
KÖYHYYS RIEHUU
MUODOSTAA JUUREN
POLTA PUU
ITTE TUHKAA
PENIS NOUSEE
LÖYSÄ VATSA
EI ANNA ARMOA

VIISAUS TAPPAA HYTTYSIÄ

ITIKKA INISEE
SE ON VÄTJISTÄ
FEMMA YLHÄÄLLÄ
ISKU ALKAALLA
KIPU MUUALLA
SILLOIN OLEN TOISPALLA
MUULLOIN OLEN MUUALLA
TÄNÄÄN OLEN TOISPALLA
TAPPAA MINUT TÄÄLLÄ

HÄLYÄMÄN JÄLJET

REISISSÄ, KÄSISSÄ JA SUUSSA
HUUTOJEN MUISTIJÄLJET
KIRKUNISEN MIES MUISTI
RUUHKA PIILOTTAA
ÄÄNIIN VOI HÄVITÄ
METELISSÄ POHDITUT ASIAT
VOIVAT JÄÄDÄ
KYTEMÄÄN

VANKYRÖIVÄ ASIAKAS

OSTOKSET KORSISSA
VIIMEISIJSSÄ VARSISSA
VIIVAKOODIT OTSASSA
PEILI NURINPÄIN
VATSASSA KÄISTÄT ETEENPÄIN
SULATUS ON VIRTAUS
JONKA LAINEITA EI ESTELLÄ
HIEKALLE PÄÄSET
MUTTA KALLIOTA VASTAAN
OLET KYVYTÖN
NYANSSINA TOTTA KAI
LÄSNÄ KIVELLEKIN

OIKEUTUS

VÄÄRIN MUOTOILTU ELÄMÄ
RAKASTAJAT
TEKIVÄT SAVESTA
JA VALOIVAT
HUUSIVAT UUNILLE
SEN ASTEISTA
VIIME,SET LÄMMÖT
ANNETTIIN POIS

KUULEMMA

OLIN HUOLETON
OTIN ITSEENI
ANNOIN MUULLE LIITOA
JAIVUIN JA RAKASTUIN
TYTÄR ANTOI JA OTTI
TARPEEKSI MINULTA

11

MUUTOS TAHTO

VIIMEINEN VIISPUTENI
OLI EILEN
HAUTOSIN SEN HUOMISEEN
PLYKAYTTENI
JATTI LÄÄNNIN VÄLIIN
SE OLI
PARPSTA
MITÄ KOIN TÄNÄÄN

UNINTOEHTOJA ON

EN NÄE NIITÄ
EN ODOTA NIITÄ
MUTTA
IMONNOIN NIITÄ

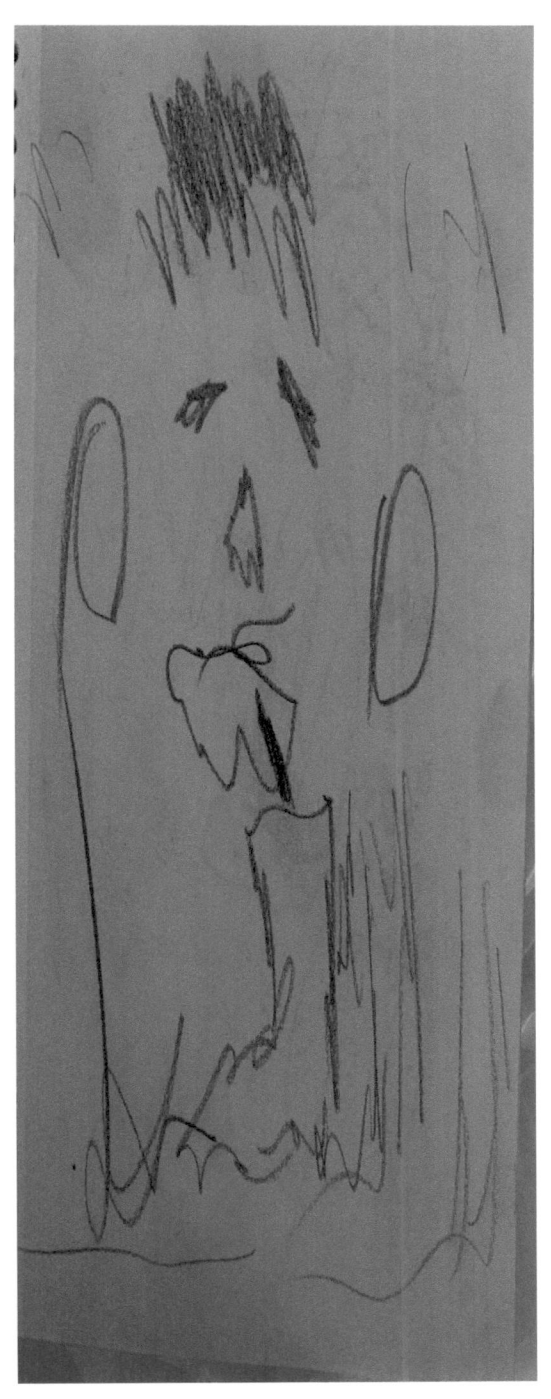

13

14

FORTUNE BOWLS

WISDOM GOES RANDOM
EVERYBODY ESCAPED
ROOM WAS EMPTY
BEFORE IT WAS CLEANED
READING OF AMNESTY MIND
WAS NOT ALLOWED
THEY HAVE HUMAN RIGHTS
THERE WERE ONE PRISONED
HE TOLD US IT ALL
BUT
WE HAD NO TIME
TO LISTEN
OR EVEN WATCH HER EYES

VIHAN HEDELMÄT

MÄTIÄ MAHDOLLISUUKSIA
YLIKALASTUSTA
RUNSASRUOKAISUUS
EI HELLITÄ
SARVET TÄYTTYVÄT
RAVINTO VAJAATA
ELÄMÄ EKSYTTI

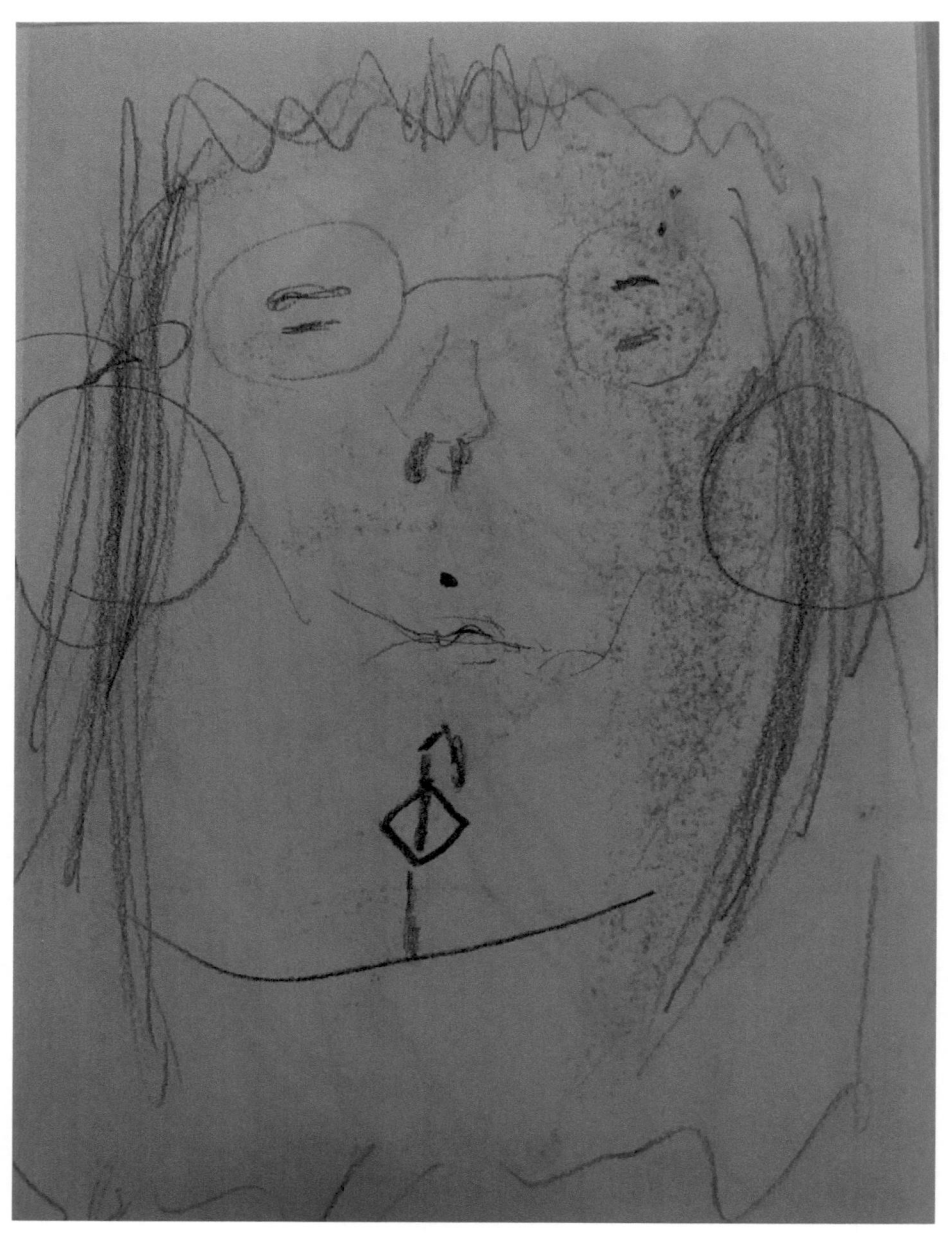

LOPUTON LEIKKI

AAVE MARIAT
MAKSETAAN ENNAKKOON
KATOLICAINEN KOPPI
KOTIIN ASENNETTUNA
SYNNIN YHTEYDESSÄ
ANTEEKSI ANNOT
POLUILLAAN

LUSIKASSA

MAKU KIRPEÄ SUUSSA
  SAAN LUSIKAN
  KAUHON ILMAA
TARTUN SITÄ TARJOAVAAN
  KÄTEEN JA LUEN
  TARKOITUKSEN, TARINAN,
INTOHIMON JA
  AJOITUKSEN
OHITUSKAISTAA PITKIN
VIETY MYSTIIKKA
UPPOAA SINUUN
PÄÄSETKÖ ENÄÄ IRTI?

PUHUTTELU ON TURHAA

TUNTEES OVAT
   PUHDASTA REMPAA
NE RENGOIVAT TOISIINSA
KOSKDATTESJAAN ILMAN
RENNJOT ENNALTA
   ARVAAMATTOMAT
PUHUVAT OMAA KIELTÄAN

VIITOJUT REITIT

OPASTAJAT HUUTELEVAT OMIAAN
EKSYVÄT KELTTEIHIN
MAANTIEDE IHMETYTÄÄ
PAIKKA ALKEMISTIA
SANAT RAUHOITTAVAT
   AJAN JA PAIKAN
ISTU JOKI VIRTAA
   KIVIEN VÄLISSÄ
MUUREILLE ON
   AIKANSA JA PAIKKANSA
LEIVÄN HEITTÄJILLE

MATKUSTAVIENRATIONALISTIEN
KIVUNTARKASTUS

HIVUTUSPÄIVÄ

LIPPU ON VÄRJÄTTY VERELLA
VALKOISELLE POHJALLE
ARVISTA ASKARRELTU
PARANOIA RAITEITA VASTAAN
RUSKITTU VAALEANPUNAISELLA
KAURALITKULLA
YLIKOFEIINIPITOISEEN
KAHVIIN SEKOSTETTUNA
MIASERI PÄTOÄLLÄ
MUOKKAA KOKO JUNAN
ÄÄNIMAISEMAA
YKSI VAUNU KERRALLAAN
JOKAISELLE
HENKILÖKOHTAINEN AKUSTI(KKA)
YKSILÖLLINEN MATKA
MÄÄRÄNPÄÄ EPÄMÄÄRÄINEN
SELVENTÄISITKÖ?
VAI TARKISTAMMEKO RAITASI?

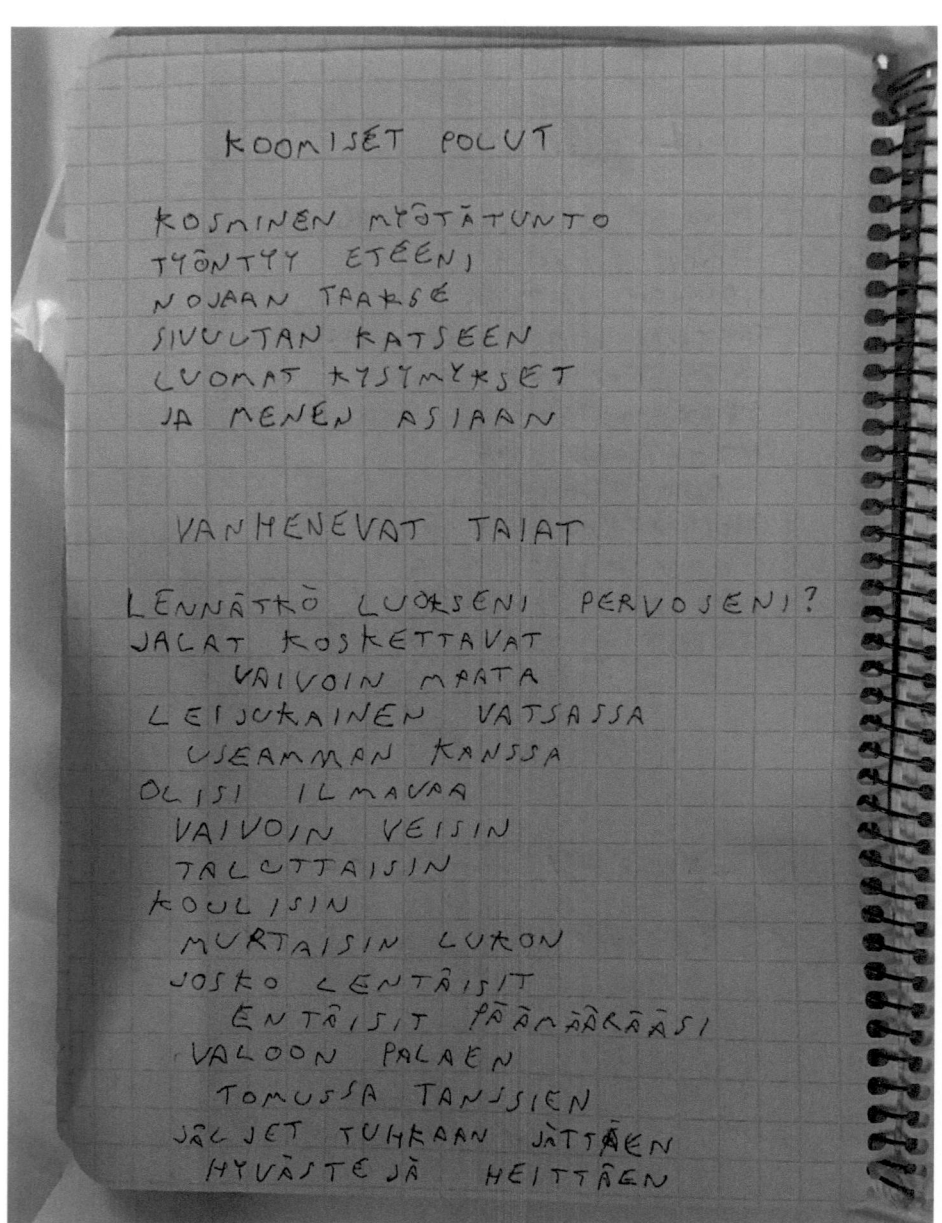

KOOMISET POLUT

KOSMINEN MYÖTÄTUNTO
TYÖNTYY ETEENI
NOJAAN TAAKSE
SIVUUTAN KATSEEN
LUOMAT KYSYMYKSET
JA MENEN ASIAAN

VANHENEVAT TAIAT

LENNÄTKÖ LUOKSENI PERVOSENI?
JALAT KOSKETTAVAT
    VAIVOIN MAATA
LEIJUKAINEN VATSASSA
    USEAMMAN KANSSA
OLISI ILMAVAA
    VAIVOIN VEISIN
    TALUTTAISIN
KOULISIN
    MURTAISIN LUKON
JOSKO LENTÄISIT
    ENTÄISIT PÄÄMÄÄRÄÄSI
    VALOON PALAEN
    TOMUSSA TANSSIEN
JÄLJET TUHKAAN JÄTTÄEN
    HYVÄSTEJÄ HEITTÄEN

NAAMOJEN TÄYDENTÄMÄT VAIHEET

EDELLISET KERRAT LAULOIN
LOITSIN ITKUA SURULLISILLE
HUUHDOIN NE OISIN MIELESTÄNI
KUN TULIN KOTIIN
OLIN KERRAN TURTA
EN KOSKAAN PALJASTAISI ITSEÄNI
SURU ON YSTÄVÄNI
JOTA MUOTOILEN
KAUNIIKSI

AIHEIDEN ESTOT

SENSUURIT OVAT RAJAT
PUNAISET HUULET
TOIMIVAT KERTOJANA,
MÄÄRÄÄJÄNÄ,
KUN NE OTETAAN POIS
SYNTYY TYHJIÖ
PÄÄMÄÄRÄTTÖMYYS
MALLI SEISOO
TIENRISTEYKSESSÄ
JA PUHALLAN HÄNEEN
OHJATEN SUUNTAAN
JOTA KOKEICEN
ALUKSI LEIKKIEN

VILUNKI

OTTI OTSAAN
ANTOI ANTEEKSI
 OTETUN AJAN
 OTTI TAKAISIN
VÄÄRYYDEN ANNETUN
JA TAPPOI GOBLININ
UHARIN ASETETUN

VAIHTUVUUS

RIKKAUS ÄRSYTTÄÄ
VARAKKUUS RAUHOITTAA
SILTÄ VÄLILTÄ
TULEE PANIIKKI

AVANTOTAR

SIELTÄ KYLMYYDESTÄ NOUSEE
KALMOJEN JOUKOSTA
 ELÄVIEN KIRJOJEN
KIRKKAISIIN RIENTOIHIN
 TÄYSIN RINNOIN
 LESIÄKIN LAAKIEN
UUTTA UUDELLEN

PYHÄT PSALMIT IHON ALLA

VALOILLA USKO JUMALAAN
VILKKUVIIN VALOIHIN
PÄÄSSÄ KÄYTYIHIN KESKUSTELUIHIN
MIELLYTTS KAVIOIDEN KOPSE
VIE TEILLE
MUKAVA SOHVATIE
ON PEHMOHEVOSEN
ONNEN ENNE

SIVU LYÖNTEJÄ ETEISVLLAKOLLA

VAKOILU, PIILOTTELU JA FETISSIT
KIEHTOVAT JA KAMALAT
NE JOILLA ON VARAA
LÖYTÄVÄT KYLLÄ
TAPANSA ZOTECTTAA ITSEÄÄN
KANSSASI
DOLLARIT VENYTTÄVÄT KANTOJASI
POLIITTISESTA HERKKYYDESTÄ
PALJONKO MAKSAA KOSKEA
SINNE MISTÄ ET TIEDÄ
VAI ANTAISITKO DOLLARIN
OPPAALLESI
JA TOISEN, JOS
VALAISISIN ASIAA

32

MUUTOS KOHTI TOISTO

ELÄMÄ ON VAIKEAA
SITÄ KOHTI HALUTAAN
VIIMEINEN VIESTI
TESTAA MAAILMAANI
KUN UNIVERSUMI
KOHTAA MINUT
SE RAJAHTAA

MUUT OVAT TUOLLA

SIELLÄ MISSÄ EN OLE
SIELLÄ ON PIMEÄÄ
JOSKUS JOKU TULEE
SANOO JOTAIN
EN KUULE SITÄ
PUHUN ITSEKSENI
JA NAUTIN
NIISTÄ HETKISTÄ
KUN KUULEN
MINUSTA

MANOOITTAJAT

VIHOLLISET POLTETTIIN
MASENTUIVAT SIITÄ
HUKKUIVAT TEKOIHIN
EDULLISIIN

TUNTEMATTOMUUS

HUUDETTU TOTUUS
OLI VALHE
HUUDETTU VALHE
EI KUULUNUT
KAIKKI OLIVAT TYYTYVÄISIÄ
PAITSI NÄ

MUUTOS REAKTIO

ELÄMÄ VALUU
MINÄ EN

MURMELIN AAMU

KAHVI OLI EILISTÄ
FIILIS HUOMISTA
HUOLET
TOISIA PÄIVÄISIÄ
YRITIN OLLA TÄNÄÄN

EDISTYSASKELEEN

ETEEN VIETY MAINE
EI OLE OSA USAA
EI TARKOITETTUJA SANOJA
HILJAISUUTTA EN CASKE
OSAA LUETELLA
ILTASATU SINERTÄÄ
MUSTELMINA
VIILLETYILLÄ IHOILLA
TIETOISUUS VIETY
NÄMÄRÄÄN HORNAAN
PIILOTETTU
AJASTETTU
TOISEEN PÄIVÄÄN

ALASTOMAT ARMOLAHJAT

JÄNNITTEINEN VÄLITYS
HUUDETUT RATKAISUT
PAKO JÄNISPANKKIIN
PEHMEÄT TASSUT
SORMISSA RIKOTTU IHO
VALUVA TIETOUS
AVAUTUU TOISILLE
RAKKAILLE JA VALITUILLE

JALKAHALI

TATAMI KOETTELEE PEHMEÄSTI
TAHDON KIMEÄSTI
PÄÄSTÄÄ IRTI
KOVISTA VERKKOKALVOJEN
HETKI HETKI
TAITTAA KULMAN
KURISTAA TAKKAAN
ANTAMANSA LUPAUKSEN
HARHAUTUKSEN
 KÄDET SEINÄÄ VASTEN
POSKI KUUNTELEE TAPETTIA
 JALAT ERILLÄÄN
VARPAAT HAISTELEVAT LISTAA
MATTOPIISKA VALMIINA
PONUTTAMAAN AJATUKSESI
HIUKSIIN UPOTETTU KÄSI
RIEMUITSEE
 HUULIESI MUODOSTA
KURKUSTA LÄHTEVÄT ÄÄNET
TÄYTTÄVÄT TILAN
PAKSULLA, VÄRIKKÄÄLLÄ
 HIMOLLA

MUISTOJEN KESKELLÄ

PYYHOIT LIIDULLA
PIENI ROSGUU
POISTAESSAAN SINUT
TAPETISTAAN
SISUSTAT UUSILLA
ASIOILLA SEINÄT
NE RIICÄUÄT
SIEMENISTÄ JOTKA
NYLKÄSIS
ODOTTAEN UUSIA

MIELIALAN VAIHTELUT

LUULIN PITÄVÄNI
MATON CATTIASSA
KOMELI PITÄ PUHEENSA
JA ANJOI MINUN OLCA
VESISÄILIÖ KODISSANI

46

TOIMINNALLINEN

PUOLISOT KOHTUAVAT
JAKAUTUMINEN SATTUU
ERISTÄN PEILIN
KASIVILLALLALLA
LAMPAIDEN LASKU
SAA LOPPUA
EDELLISTEN UNEENI

VALHEUS

MAIHEUS LYÖ TASVOILLE
TASVOT KÄÄNTYVÄT
KOTKA MUOT VERILLE
SUOLIMEJUN HAUN
JE JOKA KOSKETTAA
HÄNTÄ KOSKETETAAN
YHTÄ PALJON

VUOSIKATSAUS

VUODOTUSTA IKÄVÄÄ
VÄKEVÄÄ
TILA ON OUTO
SÄÄ TOSI LEUTO
MUUTOKSEN JÄÄ SULAA
HYPOTERMIA VIE SINUT
PALELLUT ONASTA ITSESTÄSI
SIELLÄ MISSÄ
ON IKIJÄÄTÄ
SIELLÄ SINUN SIELUSI LEPÄÄ
VAILLA VIHOLAISUUKSIA

EPÄILYSTÄ VAILLA

SE SYÖ MUN FIGUT
TAPPAA MUN ORRIT
JA YRITTÄÄ OLLA YSTÄVÄ
MITÄ VITTUA?

SÄTEILEVÄ KEVÄT

YDINREAKTORIT KUUMENEVAT YMPÄRILLÄSI
YTIMET SULAVAT LÄHELLÄIN
SÄTEILYÄ SAIRAILLE
LÄHEISILLE LAPASIA
VILLASUKKIA PUNON
LÄMPIMIKSENI

KUOLEMATTOMAT TOIVEET

YHDESSÄ ELIMME HETKEN
TOINEN SEKUNTI
OCI CIITAD
OSTIN MINUUTTI VIISARIN
JOTA SOIMASI MINUA
JOTEN SIIRSIN
PELLON TUNNILLA

KYNNYS MATON KARVA

USE SAKARVAN HAPOT
POLTTOMERKITTY PASKANMARJA
HUUSSISSA POLTETTU LOPPUUN
KOMPOSTIIN KELPAAMATON
MUTTA SILTI SIITÄ
JOTAIN KASVAA

(AJATUSTEN PYYHKIMIS PAPERI)
PUNKRUNOUS
VÄKIVALTARUNOUS

        MUUTOS

KULKEE KANSIANSA
KANSA JÄLJESSÄ UUDISTUSTA
SUUDELMA SUUNNISTAA
RASTILTA TOISELLE
YKSI JÄI VÄLIIN
EI VOITTOA MAALISSA
VAIKKA ENSIMMÄISENÄ
YLITÄN PUNAISEN VIIVAN

53

ELÄMÄN PENKILLÄ

JÄLKI-ISTUNTOA
VIIVOJEN VETOJA
TUHTEJA ANNOKSIA MELANKOLIAA

OLETKO LUKENUT MASKOTTEJA

MAATUJKA TOISEN SISÄÄN
KAKSI YHDESSÄ
YKSI YHTEINEN PIIRRE
HIIPUU MUSTEESEEN
LAIKKA ON
YHTEINEN KPSYMYS

PYYHITTY MIELI

TOISET TULEE SISÄÄN
TOISET MENEE ULOS
ME TULLAAN TOISTEX)
KU TE OOTTE NII KIVOJQ
MUISTAKAA ILLAT
JOITA TEILLE ANNETAAN
KU TE IDÄTAI
KUITENKI MUISTETAAN

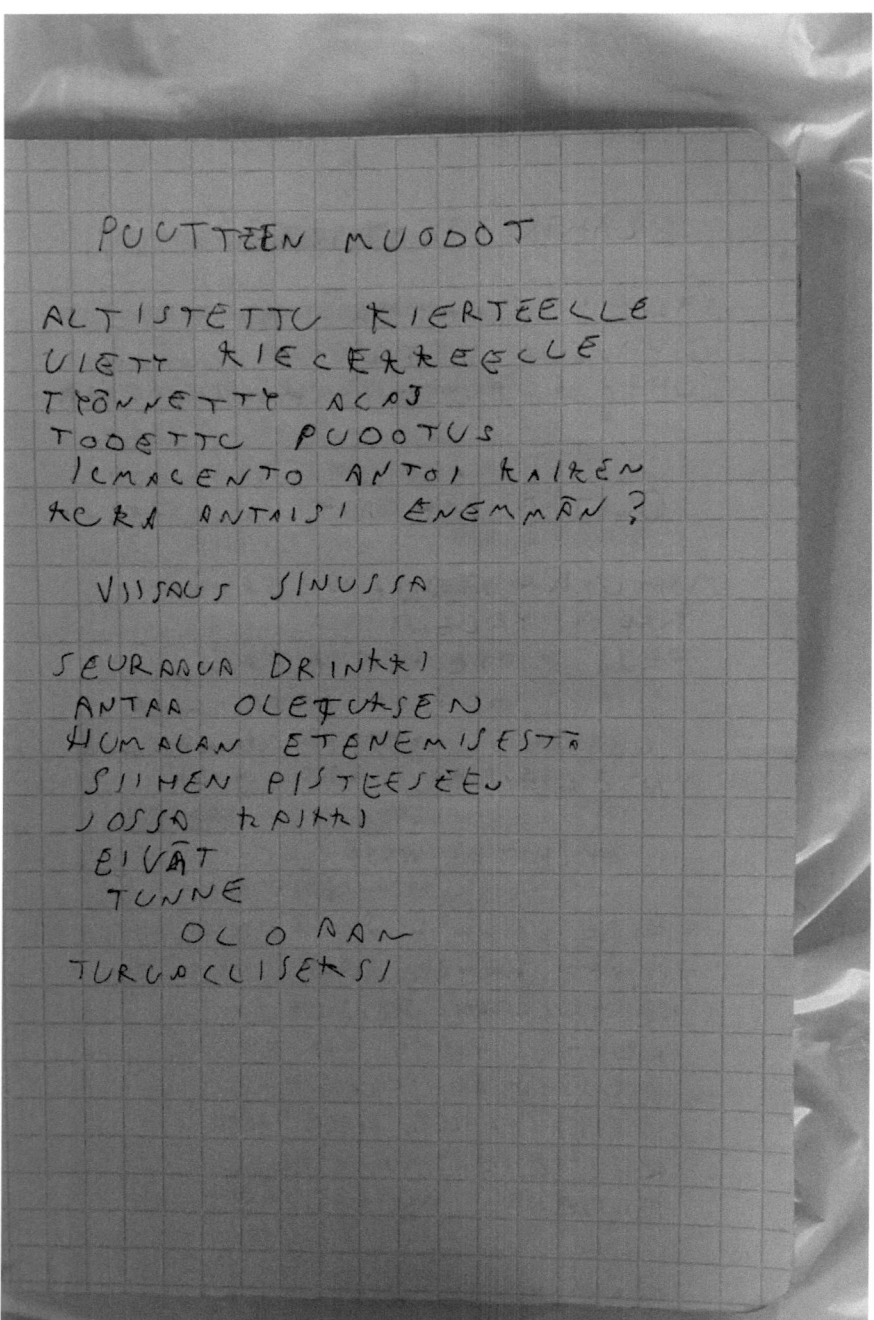

PUUTTEEN MUODOT

ALTISTETTU KIERTEELLE
VIETY KIECEKKEECLE
TYÖNNETTY AKAJ
TODETTU PUDOTUS
ILMACENTO ANTOI KAIKEN
KERA ANTAISI ENEMMÄN?

VIISAUS SINUSSA

SEURAAVA DRINKKI
ANTAA OLETUKSEN
HUMALAN ETENEMISESTÄ
SIIHEN PISTEESEEN
JOSSA KAIKKI
EIVÄT
TUNNE
OLOAAN
TURVALLISEKSI

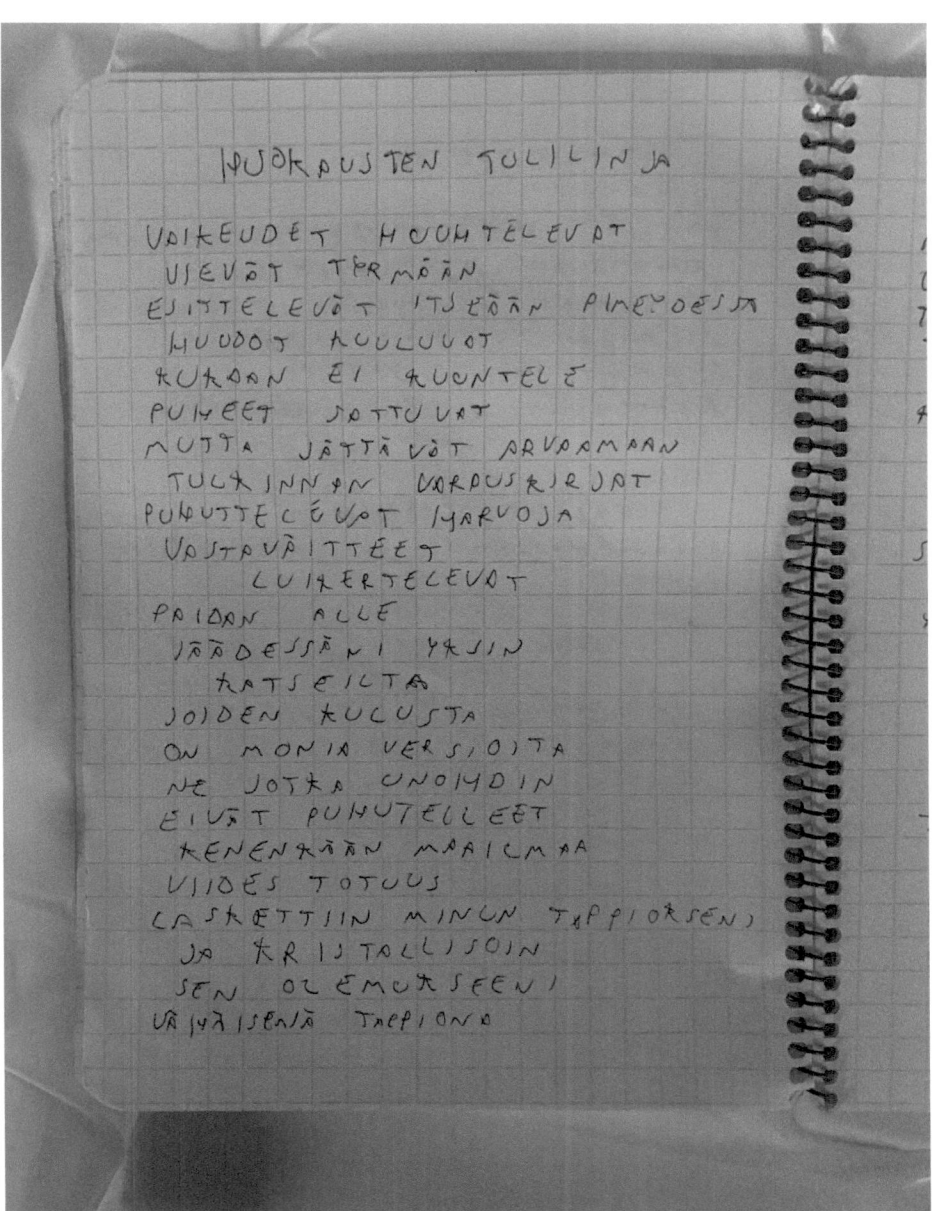

NUORAUSTEN TULILINJA

VAIKEUDET HUUTELEVAT
VIEVÄT TÖRMÄÄN
ESITTELEVÄT ITSEÄÄN PIMEYDESSÄ
HUUDOT KUULUVAT
KUKAAN EI KUUNTELE
PUHEET SOTTUVAT
MUTTA JÄTTÄVÖT ARVAAMAAN
TULKINNAN VARAUSKIRJAT
PUHUTTELEVAT HARVOJA
VASTAVÄITTEET
    LUIKERTELEVAT
PIILOON ALLE
JÄÄDESSÄNI YKSIN
    KATSEILTA
JOIDEN KULUSTA
ON MONIA VERSIOITA
NE JOTKA UNOHDIN
EIVÄT PUHUTELLEET
KENENKÄÄN MAAILMAA
VIIDES TOTUUS
LASKETTIIN MINUN TAPPIOKSENI
JA KRISTALLISOIN
SEN OLEMUKSEENI
VÄKIVÄLISENÄ TAPPIONA

59

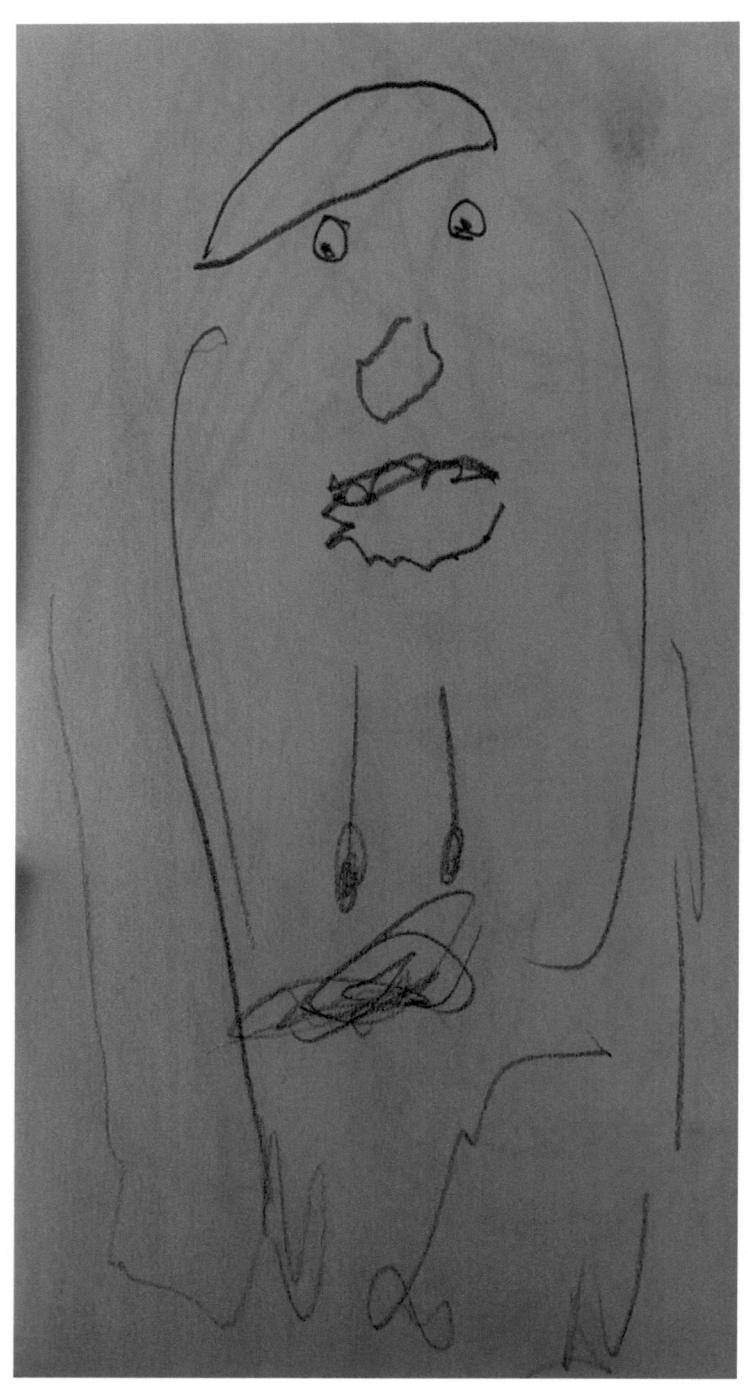

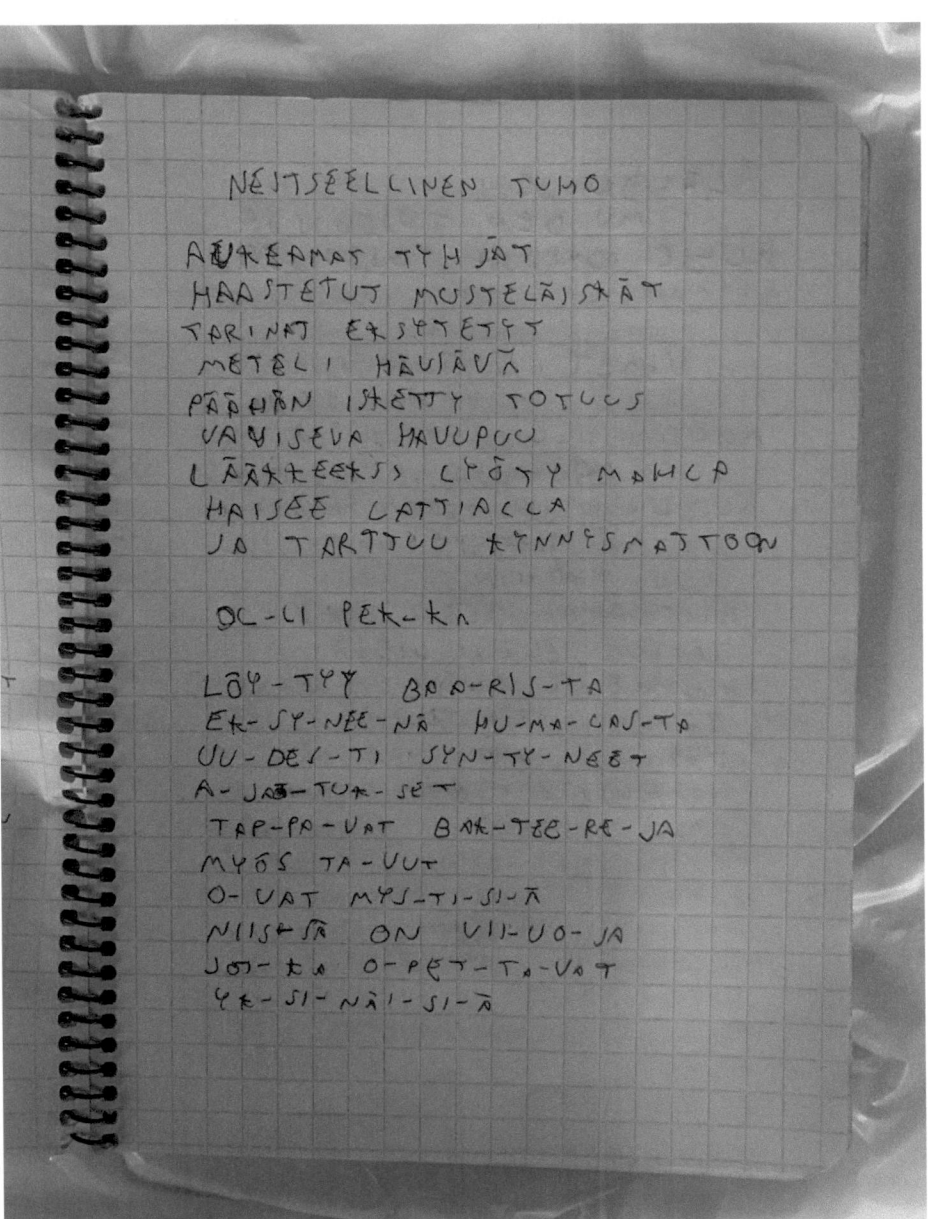

NEITSEELLINEN TUHO

AUKEAMAT TYHJÄT
HAASTETUT MUSTELAISKÄT
TARINAT ESITETYT
METELI HÄVIÄVÄ
PÄÄHÄN ISKETTY TOTUUS
VAVISEVA HAUUPUU
LÄÄKKEEKSI LÖYTY MAHLA
HAISEE LATTIALLA
JA TARTTUU KINNISNAJTOON

OL-LI PEK-KA

LÖY-TYY BAA-RIS-TA
ET-SY-NEE-NÄ HU-MA-LAS-TA
UU-DES-TI SYN-TY-NEET
A-JAT-TUA-SET
TAP-PA-VAT BAA-TEE-RE-JA
MYÖS TA-VUT
O-VAT MYS-TI-SI-Ä
NIIS-SÄ ON VII-UO-JA
JOI-TA O-PET-TA-VAT
YK-SI-NÄI-SI-Ä

OLEN MYÖHÄSSÄ

TÖUJÄ JA ELÄMÄSTÄ
HANKKEET JÄISSÄ
JA HANGESSA
SULATETTUJA JA POLTETTUN
PAKASTE VIHANNEKSIA
PORNOLTO VIETY PORKKANAT
KEPPI JÄI PYSTYYN
LAAMAT LASKEVAT LÄHTÖÄÄN
KAUKKARISOIHIN
RON HEVOSES TUKKIVAT
TURPANSA LIINN
MAKEALLA RAURALLO

63

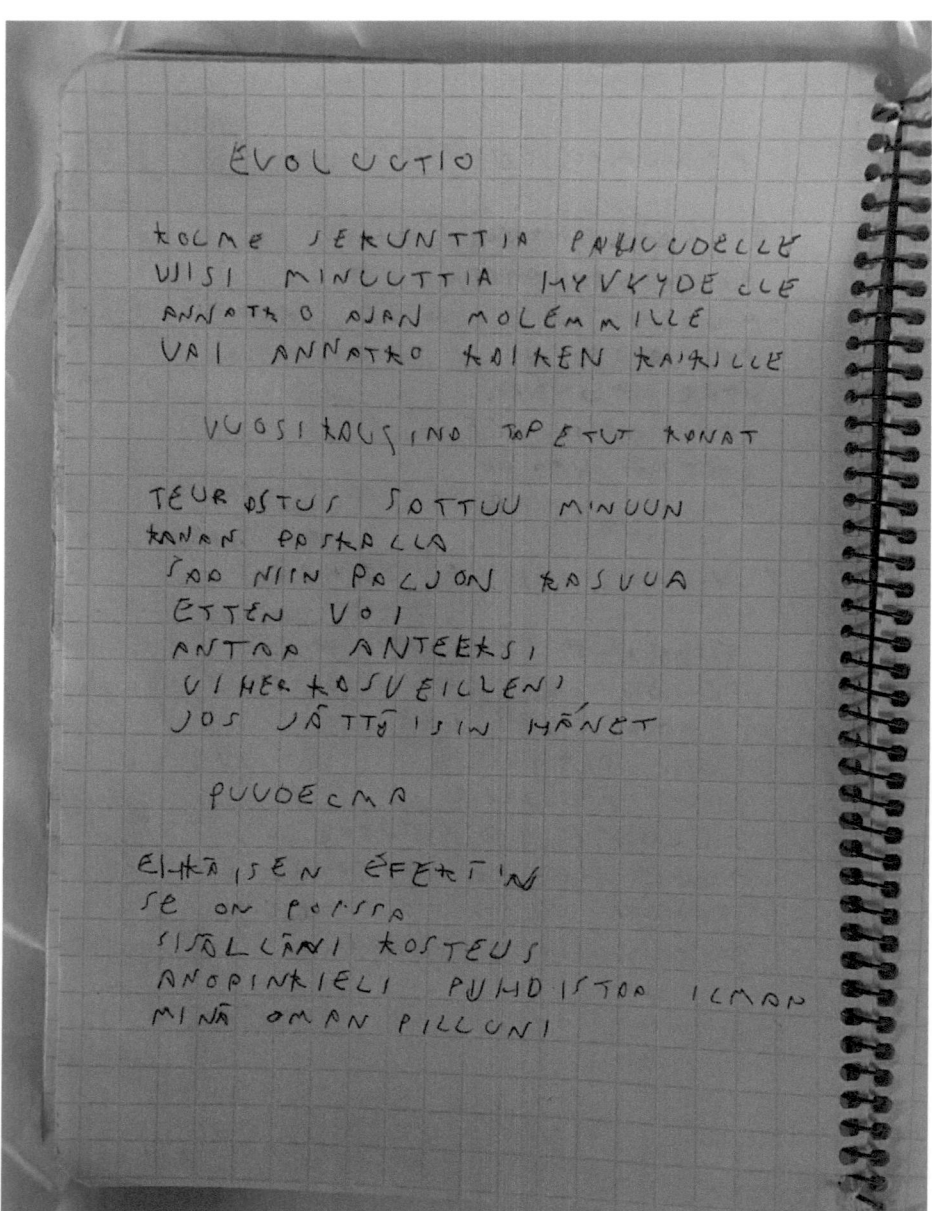

EVOLUUTIO

KOLME SEKUNTTIA PAHUUDELLE
VIISI MINUUTTIA HYVYYDELLE
ANNATKO AJAN MOLEMMILLE
VAI ANNATKO KAIKEN KAIKILLE

VUOSIKAUSINO TAPETUT KANAT

TEURASTUS SATTUU MINUUN
KANAN POSKELLA
SAA NIIN PALJON KASVUA
ETTEN VOI
ANTAA ANTEEKSI
VIHERKASVEILLENI
JOS JÄTTÄISIN HÄNET

PUUDELMA

ELÄTÄISEN EFEKTIN
SE ON POISSA
SISÄLLÄNI KOSTEUS
ANOPINKIELI PUHDISTAA ILMAN
MINÄ OMAN PILLUNI

AUTIOIDUT KADUT

UUTUUDET NEON VALOSSA
RÄPYTTELEVÄT PATSAAT
VIEHÄTTYNEET KATJOSAT
IHMETTELEVÄT BETONIA
MUOTOILIJA PORSAAN
ESTI AUTOT KADUILTA
IHMISTEN MIELI
ESTI ITSENSÄ

RUUSUINEN ELIITTI

PIIKKEJÄ SIELLÄ TÄÄLLÄ
KATKENNEITA TERÄLEHTIÄ
RATKAISTU ARVOITUS
VIHREINSÄ TERÄLEHDISSÄ
YLITEYTYS HAPETETTU
HIILIDIOKSIDI PUHKERA
RUUSUN KUKKAAN
LAUKERA

MAAILMAN KLIIMATSO

HÄN PYYTÄÄ PUHELTA
JUOKSEE KOULUGISSAN
ISTÄÄ ELÄMÄN
RATKAISEE TULEVAISUUDEN
HUOMENNA SÄRKEE
ELÄMÄSSÄ EI RAUHEESTI
JÄRKEE
SILTI USKON HUOMISEEN

MYSTEERI ASFALTIN ALLA

KUUMENTUNUT AJATUS
PITI AURINGON YTIMESSÄ
RAKETIT RÄJÄHTÄNEET
DRONET KYYTIIN
POLIPOMMEINEEN
YTIMEEN ASTI
VIEDYT RÄJÄHTEET
SÄTEINÄ TAKAISIN
NIIDEN PINNOILLE
JOTKA KOITTAVAT
KASUAR MURHEISTA,
ASKELISTA HAUDAN VIEREISSÄ

MUUTOS ON TAPETTU

VIESTI ON ULKOINEN
SISÄINEN TIETO ON POISSA
MUISTO IKÄINEN
OLI MUINAINEN
MINÄ OLIN IKUINEN
HEIDÄN SANANSA
HEITTIVÄT LOMAA
MAAILMA OLI POISTUVA

ROHKEUS ON ASIAA

TERRO MEILLE MITÄ TAPAHTUU
VÄLIT OVAT KAUNIITA
NIIDEN KANSSA TANSSIN HITAALTA
PUTOAN VÄLEIHIN
IHMISTEN TUHOAMIIN TUHRIIN
KUPISSA ON PALJON
MITTAAN ASIOITA
VÄÄRILLÄ VÄÄRÄSSÄ
HÄPÄÄ ON PYHYYS
MUTTA USKOSSA
KOUNEOS PYSYY
PINNALLA

HYBRIDI OPERAATIO

MOLEMMAT VÄRIT PUHDISTETTU
MUSTAAN JA SINILEIMAVALKOISEEN
LUOUUTETTU SYNNYINPERÄ
ISÄNMAALLISUUTEEN
SOTKETUT SYDÄMET
VAPISEVAT VAPAUDESSAAN
HARHOISSAAN SOLVAT
VÄÄRÄT NUOTIT
ÄÄRIKAPINALLISTEN
KAIKUJEN KANSSA
KUUNTELIJAT KUMMAT
ERI AIKAISET
TOISSIJAISET
AURINGON NYMFOMAANIT
KÄSISSÄ MAURAIDEN

VAHVAN MAAILMAN TARPEET

JOTKUT ASIAT VAIKEITA YMMÄRTÄÄ
MUTTA NIITÄ VOI PYÖRITTÄÄ
VASTAUKSET VALUVAT VIEMÄRIIN
TULVAVESIEN SEURASSA
AJATUKSET UNELMOIVAT
RUILASTA TROPIIKIUTA
SIKIEN RAKKAUDESTA
LEHTIRADAN OLLA

MUULTOS RAUHA

URBAANIT LEGENDAN
TAAKSE JÄÄNEET HUNAJAHURMIOT
AMPIAISET PISTIVÄT STOOMEEN
JOSTA EI TULLUT PESÄÄ
MUTTA HUNAJA OLI HYVÄÄ
INTROSSA TUTUSTUN MEHILÄISIIN

TALTUNTAVAARA

VILLINÄ SEILAAVAT LANTIOT
KIRJEESEEN JÄTETYT
TALTIOT
UNOHTUNEET MUISTIJÄLJET
VIEVÄT HEILTÄ JÄRJET
HELSTIN KÄOESTÄ KUTSUMASSA
KELLOA SOITTAEN
TALTTUMASSA MINUUN
AJATUSTEN TÖRMÄYS
VALTAVIRRAN PORTAISSA
SAATTAA OVELTA HUONEESEEN
KORKEAT PÄÄDYKSET
ASKELTEN PYSÄHDYKSET
SILKILLÄ SIOOTUT SILMÄT
PIMEYS NAUTINTO ODOTUS
HILJAISUUS KOSKETUS
NOUTO
JÄLJELLE JÄÄ TUO
TUSKA OUTO
ERKANEMISEN SUMUINEN LÄHTÖ

TODISTUSAINEISTO

VEHREÄT IHANTEET
KUKOISTAVAT VANKEUDESSA
VILLIT PEDOT PENSAISSA
PUTSAAVAT PUUTARHANSI
LEIKKAUSVAATIMUKSET
PURU JÄLJICLE
OVAT JÄRJETTÖMIÄ
JOS NIIHIN
EI LEIKKURI ISKE
NIIN RUOHO KASVAA
ANTEEKSI ANNOLLE